AF242332

BIBLIOTHÈQUE IMPÉRIALE

CONSIDÉRATIONS

SUR

L'EMPRUNT DE 440 MILLIONS

IMPRIMERIE PARISIENNE

Dufour et Cᵉ, boulevard Bonne-Nouvelle, 26 et impasse Bonne-Nouvelle, 5.

CONSIDÉRATIONS

SUR

L'EMPRUNT DE 440 MILLIONS

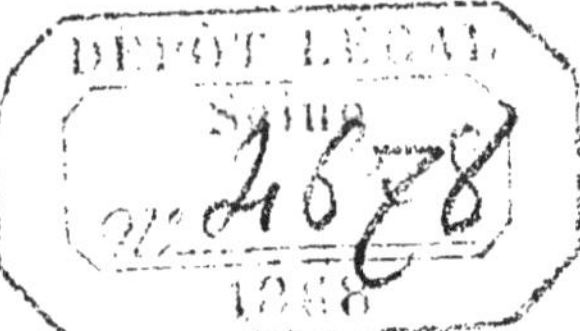

PAR

JOSEPH DEPRATS

AVOCAT

Propriétaire de forges, ancien rédacteur en chef dans la Presse départementale.

———❦———

PARIS

E. DENTU LIBRAIRE ÉDITEUR

PALAIS-ROYAL, 17 ET 19, GALERIE D'ORLÉANS

—

1868

CONSIDÉRATIONS

SUR LE

PROJET D'EMPRUNT DE 440 MILLIONS

EXPOSITION

Quelles que soient les circonstances dans lesquelles un emprunt national est décrété, quelles que soient les conditions sous lesquelles il est souscrit, cet emprunt présente toujours deux inconvénients graves qu'on ne saurait éviter : le premier, d'augmenter les charges de l'État et des contribuables; le second, de diminuer les garanties de la dette publique.

C'est parce que nous étions pénétré de la gravité de ces inconvénients que, pour les prévenir, nous avons cru devoir offrir directement à l'Empereur, d'indiquer des sources importantes de revenus méconnues ou négligées jusqu'à ce jour, à l'aide desquelles on obtiendrait le double avantage d'éviter l'emprunt qui est projeté en ce moment, et d'accroître la prospérité publique. Pour réaliser cette offre, nous avons sollicité de Sa Majesté une audience particulière.

Nous espérions obtenir cette audience, que Louis XIV accordait aux Français qui lui adressaient des projets, et auxquels le grand roi permettait souvent d'en soutenir la discussion *auprès de lui*, en présence des ministres, lorsque nous avons reçu de M. le grand chambellan une lettre, du 19 décembre 1867, par laquelle ce haut fonctionnaire nous apprend que *les occupations de l'Empereur ne lui permettent pas de nous accorder cette audience;* mais que si *nous croyions devoir écrire à Sa Majesté les communications que nous désirions lui faire*, notre envoi *serait soumis à sa haute destination.*

Plein de confiance dans cette promesse, nous avons pris la liberté d'adresser à l'Empereur un projet qui tend à augmenter annuellement les revenus de l'État de plus de soixante millions, et, par une lettre du 30 janvier 1868, nous avons eu l'honneur d'informer M. le grand chambellan de cet envoi.

Un avis imprimé, émané du chef du cabinet de l'Empereur, nous informe que ce cabinet EST DESSAISI et que notre DEMANDE *relative à divers projets financiers a été transmise à M. le ministre des finances.*

Ainsi, le projet que nous avons présenté se trouve enseveli dans les cartons du ministère, pour y reposer, probablement à perpétuité, dans un profond oubli. Comme Français, comme contribuable, sincèrement dévoué à notre pays, il nous appartient d'exhumer ce projet et de faire un appel à l'opinion publique. Si nous parvenons à faire passer dans les esprits l'intime conviction que nous éprouvons nous-même sur l'inutilité de l'emprunt de 462 millions, cette opinion, plus puissante et plus heureuse que nous, fera parvenir auprès du trône impérial les propositions que nous venons lui soumettre, et dont nous allons démontrer la vérité et la justice.

Tel est l'unique objet de cet écrit, dont la publication nous permettra du moins d'arriver jusqu'aux limites légales qui garantissent l'accomplissement des devoirs d'un bon citoyen.

§ Ier

BUT DE L'EMPRUNT

L'article 2 du projet de loi déclare que le produit net de l'emprunt sera appliqué :

1° Au découvert de l'exercice 1867 ;

2° Aux travaux extraordinaires ;

3° Aux dépenses, pendant les exercices 1868, 1869 et 1870, de transformation de l'armement et de la flotte, ainsi qu'à l'amélioration des places de guerre.

Ainsi, ce n'est pas immédiatement que le capital de 440 millions, produit net du nouvel emprunt, doit recevoir un emploi, puisque cet emploi est divisé en trois annuités.

En faisant subir à cette division une modification qu'aucune urgence ne paraît devoir empêcher, et en portant à sept, au lieu de trois, le nombre des annuités réglées pour ces dépenses extraordinaires, on parviendrait à les solder avec l'augmentation de revenus que nous allons indiquer, et on éviterait dès lors non-seulement l'emprunt projeté de 440 millions, mais encore la dépense de 22 millions destinés, comme supplément, pour couvrir les frais de l'opération et payer pendant la première année les arrérages de rente à créer.

En supposant d'ailleurs qu'il ne pût être rien changé dans les annuités que détermine le projet de loi, il conviendrait, selon nous, de préférer à un emprunt le moyen de pourvoir à ces dépenses par une émission de bons du

Trésor ou obligations remboursables dans le délai de huit ans, par annuités et par la voie du sort, au moyen des nouvelles recettes que nous proposons.

Le produit des obligations émises et leur amortissement se confondraient ainsi, sans recourir à un emprunt perpétuel, qui jette toujours une défaveur sur le cours de la rente 3 0/0, et ne fait qu'augmenter le grand-livre de la dette publique, sans espoir de compensation pour les recettes des budgets.

Cela posé, examinons les voies et moyens que nous proposons afin de couvrir les dépenses dont il s'agit.

§ II

COMMENT ON PEUT AUGMENTER ANNUELLEMENT DE 20 MILLIONS LES REVENUS FORESTIERS

M. le ministre de l'agriculture disait naguère, à Poissy, que la consommation de la viande de boucherie avait augmenté, en France, de cinq kilogrammes par habitant.

Cet accroissement a amené, il faut le reconnaître, une augmentation dans le prix de vente.

Cette augmentation résulte aussi de l'insuffisance de la production, qui ne peut satisfaire actuellement à tous les besoins de l'agriculture.

Le seul moyen d'assurer les travaux agricoles et l'alimentation publique consiste donc à rechercher et à faire cesser la cause qui les retient dans des conditions onéreuses et insuffisantes.

Cette cause, on ne saurait en douter, résulte de la contenance beaucoup trop restreinte de nos prairies, qui place la France, respectivement à l'Angleterre, dans une infériorité de 50 pour 100.

La puissance fourragère des deux nations deviendrait cependant égale, si l'herbe qui gêne le développement des arbres était utilisée dans les forêts défensables.

Employés comme puissant moyen d'entretien et de multiplication, pour les animaux attachés à la culture, comme pour ceux destinés à la reproduction, les pâturages, dans les forêts, deviendraient en même temps une source importante de revenus pour la couronne et pour l'État, qui en sont propriétaires (1).

C'est principalement au point de vue de l'accroissement des revenus publics qu'il convient de poser la question des pacages dans les forêts.

Cette question intéresse aussi toutes les populations rurales ; elle intéresse surtout les habitants de nos montagnes, qui vivent de laitage et n'ont, pour se vêtir et satisfaire aux premières nécessités de la vie, que le produit de leurs troupeaux. Sous ce rapport, elle est encore digne d'exciter la haute attention de l'Empereur et de nos assemblées législatives.

L'introduction des bêtes à laine est interdite ou n'est admise qu'exceptionnellement dans les bois de l'État. (Art. 78 du code forestier.)

Il est cependant démontré que le pacage des bêtes à laine, moins que celui des autres animaux admis, ne saurait nuire à la conservation et au développement des essences forestières parvenues à un degré suffisant de force et de maturité, puisqu'elles sont, dans ce cas, évidemment au-dessus de toute atteinte de leur part.

Comme animaux dévorants, on n'a donc pas à craindre que le mouton et la brebis détruisent ou altèrent les espé-

---

(1) Les bois de la dotation de la couronne ne cessent pas de faire partie du domaine de l'État, et sauf les exceptions portées à l'article 86, les mêmes dispositions sont applicables. (Art. 88, code forestier.)

rances d'une forêt ; leur piétinement est moins considérable que celui des autres animaux admis, et ne peut, par conséquent, écraser les plantes naissantes. Dans tous les cas, le fumier déposé par les bêtes à laine dans les forêts compenserait largement leurs faibles dévastations.

Il n'y aurait dès lors aucun inconvénient pour le sol forestier à généraliser, dans les forêts défensables, l'introduction de tous les animaux ; on ne maintiendrait l'exclusion que pour les chèvres, à cause de leur pouvoir destructeur ; elles pourraient même être admises dans certains quartiers de peu de valeur, lorsqu'elles seraient destinées à alimenter l'indigence.

Le droit d'introduction pourrait-être soumis chaque année à une redevance, envers la couronne ou l'État, de trente centimes pour chacune des bêtes à laine, et de un franc par tête pour chacun des autres animaux admis au pacage.

Malgré leurs titres et leurs droits séculaires, les usagers comme les non-usagers, accepteraient ce tarif avec une respectueuse reconnaissance, pourvu qu'on généralisât leur faculté d'introduction, restreinte aujourd'hui aux animaux destinés seulement à leur usage, et qu'on les dégageât de toutes les conditions qui leur sont imposées par le code forestier.

Lorsque ce code a été promulgué, le 31 juillet 1827, la France possédait une contenance forestière de. . . . . 4,500,000 hectares.
qui se divisait de la manière suivante :

A la couronne ou à l'État. . . . 1,100,000
Aux communes et aux établissements publics. 1,900,000
Aux particuliers. 3,500,000

Total égal. . . 4,500,000 hectares.

Quelques aliénations peu importantes durent avoir lieu depuis cette promulgation jusqu'en 1830, en vertu de la loi des 17-22 mai 1817. Nous les mentionnons seulement pour mémoire ; mais il faut évidemment distraire de la contenance que nous venons d'exprimer celle de 116,780 hectares qui fut vendue par l'État, de 1831 à 1835, en vertu d'une loi intervenue à cette époque ; d'où il suit que la contenance forestière possédée par la couronne et par l'État doit être réduite à. . . . . 983,220 hectares

Il faudrait même ajouter à cette réduction celle qu'ont occasionnée les cantonnements.

Comme ces réductions n'amèneraient pas des résultats très-importants, nous conserverons, sauf une légère défalcation, qu'il serait ultérieurement facile de préciser dans les bureaux du ministère, la quantité de 983,220 hectares, et avec cette quantité nous arrivons à cette conclusion qu'en supposant que les forêts défensables ne figurent que pour moitié dans la contenance totale forestière, et en supposant aussi que le pacage dans les forêts défensables de la couronne et de l'État ne produisît annuellement que 20 francs par hectare, nous aurions en contenance, pour les forêts soumises au pacage. . . . . 491,610 hectares, et pour la couronne et l'État un revenu annuel des pacages de. . . . . 9,832,200 francs.

Ces chiffres n'ont rien d'exagéré, et quelle que soit la rectification dont ils seraient susceptibles, cette rectification serait dans tous les cas impuissante à amoindrir, même au point de vue financier, la question des pacages dans les forêts défensables.

Celle que nous venons poser relativement à la transformation des droits des usagers, quant au bois de chauffage et à l'attribution des coupes affouagères à l'État, doit être résolue sur tous les points où le cantonnement n'a pas été opéré jusqu'à ce jour. Sa solution mettrait fin à toutes les instances qui se rattachent à ce cantonnement.

Les coupes qui sont délivrées chaque année aux usagers sont insuffisantes pour leurs besoins, et néanmoins elles privent le Trésor public d'un revenu considérable.

Le gouvernement impérial ferait cesser ce double inconvénient en substituant d'une manière illimitée le droit *d'émonder* les arbres au droit de les *abattre*, et l'État pourrait ainsi profiter chaque année des coupes affouagères, dont la valeur est perdue pour lui.

Ainsi, en complétant les besoins des habitants, on augmenterait les revenus publics, on arrêterait la coupe frauduleuse des arbres, et on mettrait un terme à la lutte constante qui existe entre l'administration forestière et les populations pauvres qui sont voisines des forêts domaniales.

L'accroissement important que recevrait le nourrissage des bestiaux au moyen de leur introduction dans les forêts défensables, et la substitution que nous proposons du droit *d'élagage* au droit *d'abatage*, exigeraient sans doute une surveillance plus active, peut-être même plus intelligente, de la part des gardes forestiers.

Le gouvernement pourrait augmenter le nombre de ces gardes ; il pourrait aussi élever leur traitement, afin de ne pas les exposer à de funestes séductions.

Cette double mesure serait facile à réaliser sans créer de nouvelles dépenses, s'il réduisait l'administration forestière *au sommet* en même temps qu'il l'élargirait *à sa base*. La réunion de cette administration à celle de l'enregistrement et des domaines faciliterait beaucoup l'exécution de cette mesure importante.

La fusion de deux administrations, chargées l'une et l'autre de la gestion des immeubles domaniaux, ne constituerait point un fait nouveau : l'histoire nous apprend qu'elle avait eu lieu à Rome, sous son quatrième roi, Ancus Martius ; et c'est à cause de leur affinité avec le domaine public, dont elles font partie, que les forêts furent placées par les décemvirs sous l'autorité du consul.

Si canimus sylvas, silvæ sint consule dignæ.

(VIRGILE.)

Ces dispositions de la législation romaine furent acceptées en partie par la loi des 17-22 mai 1817 ; cette loi réunit sous une direction unique les forêts, l'enregistrement et les domaines ; elle suprima tous les conservateurs.

Un retour à cette loi permettrait aujourd'hui de retrancher 263 fonctionnaires supérieurs de l'administration forestière sur ceux qui existent depuis l'arrêté du 20 mars 1848. Cette réduction suffirait pour augmenter le nombre des gardes et pour élever leur traitement.

L'extension donnée à l'administration forestière *à sa base*, au moyen de sa réduction *au sommet*, amènerait aussi une diminution considérable dans le nombre des délits, puisqu'elle procurerait une surveillance plus étendue et plus sévère ; par suite elle augmenterait l'importance et le produit des coupes.

Un plus grand développement donné aux routes forestières, dont la création a été trop restreinte jusqu'à ce jour, permettrait d'utiliser une grande quantité de bois entraînés par l'avalanche et qui pourrissent au fond des ravins ou dans des lieux inaccessibles. Ces routes nouvelles donneraient aussi une plus grande valeur aux coupes, dont la vente a lieu souvent à vil prix, à cause des frais considérables d'exploitation occasionnés par les difficultés naturelles d'un sol trop inégal et par l'absence des moyens de communication.

On pourrait ajouter à ces dispositions le rappel d'une proclamation de Louis XVI, en date du 3 novembre 1789, qui plaçait les forêts domaniales sous la protection des municipalités.

Ainsi, en nous résumant sur le deuxième paragraphe, nous ne craignons pas d'affirmer, cela paraît d'ailleurs incontestable, que le gouvernement de l'Empereur augmenterait annuellement les revenus forestiers de 20 millions, et que ces revenus, qui ne produisent en ce moment que 32 millions, en donneraient 52, si le gouvernement adoptait les dispositions suivantes :

1° Utiliser pour tous les bestiaux, sans distinction de leur nature et de leur destination, les chèvres seules exceptées, les pacages qui ont été perdus jusqu'à ce jour dans les forêts défensables non soumises à des usages ;

2° Lever en faveur des usagers les entraves qui gênent l'exercice de leurs droits de pacage ;

3° Assujettir les habitants, usagers ou non usagers, qui voudront user de la nouvelle faculté d'introduction, à payer chaque année une redevance de 30 centimes pour chaque brebis ou mouton, et de un franc pour chaque tête de bétail à cornes ou de race chevaline ;

4° Élargir le mode de jouissance des usagers pour le bois de chauffage, en transformant ce mode et en faisant profiter l'État des coupes affouagères ;

5° Réorganiser l'administration forestière d'une manière plus avantageuse pour la conservation du sol forestier, plus conforme aux intérêts du Trésor public et aux besoins des populations ;

6° Faciliter aux adjudicataires l'accès des forêts et des coupes.

Toutes ces dispositions pourraient être l'objet d'un règlement d'administration publique, sauf à faire approuver par le pouvoir législatif les modifications que devraient éprouver quelques articles du code forestier.

§ III

RECETTES A CRÉER, EN VERTU DE LA LOI DU 22 FRIMAIRE AN VII

Nous venons d'établir comment la direction de l'enregistrement et des domaines peut augmenter les revenus de l'État en administrant les forêts sur de nouvelles bases; nous prouverons maintenant qu'à l'occasion des procédures d'ordre et de distribution, cette administration fait perdre à l'État des sommes très-importantes, par suite d'une fausse application de la loi.

L'article 69, § 2, n° 11, de la loi du 22 frimaire an VII, crée un droit d'enregistrement de 50 centimes pour 100 sur les quittances et tous autres actes et écrits portant libération des sommes et valeurs mobilières; ce droit s'élève, avec le décime, à 55 centimes.

Ce droit n'est cependant jamais perçu lorsque l'acheteur d'un ou plusieurs immeubles, pour se débarrasser des entraves ou des retards que peut éprouver sa libération, vient consigner les sommes dont il est débiteur.

Le receveur de la caisse des dépôts et consignations lui délivre un récépissé pour constater le dépôt ; mais ce récépissé, au lieu d'être enregistré au droit de 55 centimes pour 100, ne l'est qu'au droit fixe de 2 francs, par fausse application du titre VII, article 43, n° 11 de la loi du 22 frimaire an VII. En agissant ainsi, l'administration considère ce récépissé comme n'opérant pas libération.

La loi autorise, il est vrai, le déposant à retirer sa consignation ; mais cette faculté est purement éventuelle, les déposants n'en usent presque jamais, de telle sorte que les ayants droit venant ultérieurement retirer la consignation, il en résulte que le déposant est libéré de plein droit des sommes dont il était débiteur, sans avoir payé le droit de quittance ou de libération de 55 centimes pour 100.

Il y aurait beaucoup moins d'inconvénients à rembourser au déposant, dans des cas assez rares, le droit d'enregistrement perçu conformément à l'article 69, § 2, n° 11 de la loi précitée, que de le perdre entièrement toutes les fois qu'il y a consignation.

Ainsi, en n'appliquant aux consignations que le droit fixe de 2 francs, quand elle devrait percevoir le droit de 55 centimes pour 100, l'administration de l'enregistrement et des domaines fait perdre chaque année au Trésor des sommes considérables.

Cette absence que nous signalons dans la perception d'un droit légal, peut motiver, en faveur de l'État, des recettes importantes dans le passé, dans le présent et dans l'avenir.

§ IV

RECETTES A RÉALISER AVEC LE DÉCRET DU 30 MARS 1808

La seconde omission que nous imputons à l'administration de l'enregistrement, et par suite de laquelle l'État est privé de recettes importantes, provient de l'inobservation du décret du 30 mars 1808.

Dans toutes les causes civiles et devant tous les tribunaux, lorsque la procédure est en état, l'avoué du demandeur doit donner avenir à poser qualités.

Ce posé de qualités, exigé par les articles 28 et 69 du décret que nous venons de citer, n'avait pas été prévu par le premier tarif; il est cependant obligatoire, et il constitue une phase importante de la procédure, puisque, d'après l'article 343 du code de procédure civile, il équivaut à un commencement de plaidoirie.

Le jugement ou l'arrêt, qui donne acte aux parties du posé de qualités, devrait donc être inscrit sur la feuille d'audience, afin de constater que la cause est engagée contradictoirement; il devrait aussi être enregistré.

Le droit à percevoir est de 3 fr. 30 c. (art. 68, § 2, n° 6, loi du 22 frimaire an VII, et 44, n° 10, loi du 28 avril 1816).

Devant la cour il s'élève à 5 fr. 50 c. (art. 45, n° 6, même loi).

Le premier tarif, article 83, alloue un émolument à l'avoué pour son assistance à ce jugement.

L'article 70 du décret du 30 mars 1808 veut encore que, trois jours avant de poser qualités, les avoués fassent signifier leurs conclusions.

Aucune des dispositions que nous venons de rappeler n'est observée soit devant les cours, soit devant les tribunaux de première instance.

Cette inobservation entraîne pour le Trésor public des pertes considérables. Les droits des parties en souffrent même quelquefois. On pose les qualités; mais le greffier se borne à constater ce point important par une simple note, et à indiquer le jour où la cause sera continuée. Les conclusions ne sont pas remises ou bien elles le sont d'une manière incomplète et non légale.

En supposant que devant les tribunaux de première instance le posé de qualités doive avoir lieu dans 250,000 affaires et dans 11,000 devant les cours impériales (ces nombres ne sont pas exagérés) l'administration de l'enregistrement perd chaque année sur le posé de qualités de première instance :

1° Pour non emploi de feuilles timbrées du plumitif, 250,000 feuilles à 1 fr. 50. . . . . 375,000 fr.

2° Pour absence d'enregistrement. . . . 825,000

3° Perte de papier pour conclusions. . . 1,250,000

Total de la perte en première instance. . 2,450,000

Cette administration perd annuellement devant les cours impériales.

1° Pour non emploi de 11,000 feuilles timbrées à 1 fr. 50. . . 16,500

2° Pour absence d'enregistrement. 60,500

3° Perte de papier pour conclusions 55,000

132,000

Total général. . . . . . . 2,582,000 fr.

§ V

VOITURES PUBLIQUES. — SUBSTITUTION DU DROIT DE PARCOURS A L'ABONNEMENT. — RECETTES NOUVELLES DUES A CE CHANGEMENT.

Aucun avantage financier ne saurait être négligé lorsque les besoins généraux du pays démontrent combien il serait mportant d'augmenter les recettes du trésor public.

Si l'on remaniait, maintenant, tous les impôts indirects

qui ne sont plus en harmonie avec notre état social et politique, sans aggraver la situation et les charges des contribuables, on pourrait, par un meilleur système de pondération et d'égalité, arriver à des résultats infiniment plus avantageux pour les budgets, que ceux obtenus jusqu'à ce jour.

Pour le moment, nous ne voulons nous occuper que de l'impôt du dixième qui pèse sur les entrepreneurs de voitures publiques (articles 112 et suivants, loi du 25 mars 1817), et prouver qu'en faisant disparaître les fraudes, on peut rendre la condition des entrepreneurs de bonne foi meilleure, en même temps qu'on augmenterait les recettes annuelles du trésor public de plus de 60 pour 100.

Le droit du dixième, dont nous venons entretenir nos lecteurs, est perçu sur les voyageurs et la messagerie, avec cette différence néanmoins, que pour la messagerie il est calculé d'après les indications des feuilles de route, tandis que pour les voyageurs il est payé par forme d'abonnement, sur le nombre de places et sur le prix du transport, tels qu'ils sont déclarés par les entrepreneurs ; la perception a lieu sur les deux tiers des places déclarées, l'autre tiers étant supposé constamment inoccupé.

Le messagiste reste encore soumis, envers le maître de poste, à la perception d'un droit de parcours de 29 centimes 15 centièmes par cheval et par myriamètre.

Pour faire apprécier les avantages qu'il y aurait, pour l'État comme pour les entrepreneurs, à faire changer ces dispositions, qu'il nous soit permis de présenter le tableau des opérations simulées de deux voitures parcourant chaque jour, en sens inverse, une distance de cent kilomètres.

Lorsque le nombre de voyageurs est au complet, une voiture à trois corps fait recette de :

3 places coupé. . . . . 36 f. »
6 — intérieur. . . . . 60 »
6 — rotonde. . . . . 48 »
2 — banquette. . . . . 20 »

} 164 f. »

En supposant la messagerie égale, ce qui ne peut avoir lieu que sur les meilleures lignes et dans certaines saisons, on aurait encore une recette de . . . . 164 »

Total.. . . . . 328 f. »

A déduire sur les voyageurs le dixième pour le conducteur et les guides (ils coûtent davantage). 11 40

Reste en recette. 316 60

La deuxième voiture produirait les mêmes résultats si elle avait toujours ses voyageurs et sa messagerie au complet, mais cela n'est possible sur aucune ligne.

Ainsi que nous l'avons déjà énoncé, la régie suppose que le tiers des places est inoccupé, et elle abonne son dixième en tenant compte de cette réduction.

Pour que cette réduction fût exacte, il faudrait la porter à la moitié.

L'abonnement est encore défectueux sous un autre rapport : le droit de l'administration est en effet calculé non sur le prix des places, mais sur la déclaration que fait chaque entrepreneur de ce prix.

Ainsi, en supposant que le messagiste ne cote ses places qu'à la moitié du prix qu'il reçoit, ce qui arrive assez fréquemment, il en résulte qu'au lieu de recevoir sur chaque

voiture, pour les voyageurs, 10 fr. 17 soit pour les deux
voitures. . . . . 20 fr. 30

Elle ne perçoit, d'après la fausse déclaration
de l'entrepreneur, que 5 fr. 08, soit pour les deux
voitures 10 17

D'où il suit qu'elle perd chaque jour sur chaque voiture 5 fr. 08, soit pour les deux voitures. 10 17

En ajoutant à sa recette effective le dixième
perçu sur la messagerie d'après les feuilles, et
selon la moyenne que nous avons prise, il en
résulte que la régie fait recette :

Sur les voyageurs de 10 fr. 17. . . . . . . ⎫
Sur la messagerie, de 16 fr. 40. . . . . . ⎬ 26 57
                ⎭

En distrayant ces 26 fr. 57 de 316 fr. 60, il
reste à l'entrepreneur. 290 03

Avec lesquels il doit payer :

Six relais . . . . 120 fr. » ⎫
Droits de poste. . 14 55 ⎬ 144 fr. 55
Entretien et frais   ⎪
d'administration . . 10 » ⎭

Soit pour les deux voitures. 289 01

Reste en bénéfice. . . . . 1 fr. 00

Ce n'est donc que par des contraventions, en prenant plus
de voyageurs et de colis que les règlements ne le permettent, ou bien en augmentant légalement le nombre des
voyageurs et la messagerie, quand le retour de chaque
voiture s'améliore, ou bien encore par les bénéfices qu'il
fait lui-même sur les relais, lorsqu'il n'en confie pas l'entre-
prise à d'autres, que l'entrepreneur de voitures publiques
peut espérer de trouver dans son industrie un lucre hon-
nête ou médiocre.

Si le gouvernement impérial supprimait les droits de

poste et portait les droits de la régie, en remplaçant l'abonnement par un droit de circulation à raison de 25 centimes par kilomètre, soit de 2 fr. 50 par chaque myriamètre parcouru, la régie recevrait par jour. . . . . 50 fr. »

Soit en augmentation. 23 43

L'entrepreneur économiserait. 4 27

L'impôt du dixième sur les voitures publiques, qui a une grande importance, augmenterait ainsi pour la régie de 50 pour 100, et de plus de 60 pour 100, si l'on tient compte des fraudes dont elle est victime en ce moment.

Avec le droit de circulation, toute fraude deviendrait impossible. L'impôt serait réparti sans violer, à l'égard des entrepreneurs, le principe d'égalité sur lequel il doit reposer, et leurs bénéfices augmenteraient en même temps que les recettes de l'État.

La suppression des droits de poste ferait, il est vrai, les honneurs de ce changement doublement avantageux, mais la liberté des routes y trouverait son compte.

En présence des chemins de fer, les maîtres de poste ne sont plus qu'un contre-sens nuisible à tous les entrepreneurs de voitures publiques ; il importe de le faire cesser ; tout le monde applaudirait à cette mesure.

§ VI

CHEMINS VICINAUX ; LEUR ACHÈVEMENT SANS GREVER L'ÉTAT

Puisque nous avons porté les questions de finance sur les routes, nous dirons, en les quittant, quelques mots sur les chemins vicinaux.

Ces chemins sont d'un grand intérêt pour les classes agricoles, qui en réclament avec instance l'achèvement ;

l'Empereur, dans son discours à l'ouverture des Chambres, s'est montré disposé *à donner satisfaction à ce besoin.*

Mais les dépenses qu'occasionnera *le succès de cette grande mesure* seront très-considérables, et les communes ne pourront y suffire avec leurs ressources annuelles. L'État devra donc leur venir en aide; c'est ce que reconnaît le nouveau projet de loi en accordant une subvention de 100 millions et en créant une caisse autorisée à prêter 200 millions.

Il y aurait moyen, croyons-nous, de soustraire l'État à cette nécessité, ou du moins de diminuer les charges qui pèseraient sur lui à cet égard, en faisant participer à la création et au développement des chemins vicinaux ceux qui exercent des industries lucratives et qui réalisent fréquemment des bénéfices en parcourant ces chemins, dont l'existence ne profite pas seulement aux populations rurales, mais encore à toutes les classes de la société.

Ainsi, il paraîtrait juste d'imposer un concours plus ou moins efficace aux magistrats, aux hommes d'affaires que les actes de leur ministère éloignent momentanément, mais souvent à des intervalles assez rapprochés, de leur domicile habituel ; grâce aux chemins vicinaux ils pourront désormais parcourir plus rapidement de longues distances et obtenir une grande économie de temps ; leur subvention pour concourir à l'achèvement des chemins vicinaux serait d'autaut plus juste que le tarif leur alloue des émoluments élevés qui sont en proportion des difficultés que présentait autrefois la distance qu'ils avaient à parcourir.

L'article 66 du décret du 16 février 1807, raproché de l'article 62 du code de procédure civile, attribue aux huissiers ordinaires qui se transportent à plus d'un demi-myriamètre de leur domicile pour y faire des notifications, un droit de 2 francs par myriamètre. Ce droit peut s'élever à 20 francs.

Les deux cinquièmes de ce droit étaient autrefois versés à la bourse commune. Les huissiers en sont dispensés depuis l'ordonnance du 26 juin 1822, qui n'exige que le versement dans la proportion du dixième au vingtième de leurs émoluments, lesquels s'appliquent seulement à la rédaction des originaux de leurs actes.

L'article 170, § 1er, du même décret, alloue aux notaires qui sont obligés de se transporter à plus d'un myriamètre de distance de leur résidence, pour l'aller et le retour, les deux cinquièmes de leurs vacations, et en outre une journée qui est comptée à raison de cinq myriamètres parcourus; ce droit peut s'élever à 86 fr. 20 cent.

D'après le même décret, article 144, il doit être taxé aux avoués une journée de campague, à raison de 5 myriamètres pour un jour, lorsque leur présence est autorisée par la loi ou requise par les parties. Ce droit s'élève, pour les cours impériales, à 40 fr. 50 cent., et pour les tribunaux de première instance à 30 fr.

Depuis quelque temps ce droit est perçu fréquemment par les avoués en assistant aux enquêtes que les tribunaux ordonnent le plus souvent sur les lieux.

Les articles 161 et 162 du même tarif attribuent, aux experts domiciliés à plus de deux myriamètres du lieu où siége le tribunal, un droit de 8 francs à Paris, et de 6 francs dans les autres villes, pour la prestation de leur serment; et pour leurs opérations, lorsqu'ils sont obligés de se transporter à plus de deux myriamètres de leur domicile, à Paris 6 francs, et dans les autres villes 4 fr. 50 cent.

En résumant les dispositions du décret du 16 février 1807, qui ont force de loi, on voit que ce décret suppose l'obligation d'employer une journée entière pour parcourir de faibles distances, et c'est en raison de cette obligation qu'il fixe des indemnités qui ne peuvent être dues lorsque les chemins de fer, nos routes et nos chemins vicinaux, permettent de parcourir en un seul jour plus de cent kilomètres.

Il n'est donc pas juste de faire émolumenter les officiers ministériels, après les améliorations qu'ont reçues nos voies de communication, comme ils le faisaient avant l'établissement de ces voies, en leur allouant des frais de transport qui n'existent plus, et puisque c'est aux dépenses faites par l'État qu'ils doivent ces améliorations, ils ne peuvent se plaindre que l'État vienne prendre à ces indemnités la part que lui ont acquise ses sacrifices pécuniaires et ses travaux.

Telles sont les considérations qui nous avaient déterminé à proposer à l'Empereur :

1° D'ordonner que, par le receveur de l'enregistrement, il serait prélevé en faveur de l'État, au moment de l'enregistrement des actes qui donneront lieu à l'ouverture du droit, un cinquième sur les frais de transport et indemnités alloués, à raison de ce transport, aux magistrats, aux greffiers, aux notaires, aux avoués, aux huissiers et aux experts, par le décret du 16 février 1807.

2° Que ce prélèvement sera appliqué à l'achèvement des chemins vicinaux.

3° Que par les soins du même receveur, il sera prélevé, en faveur des mêmes chemins, un décime sur le montant de la taxe allouée aux témoins en matière civile, criminelle et de police.

Si ces dispositions, dans le cas où elles seraient adoptées, ne faisaient pas disparaître entièrement les difficultés signalées dans le discours impérial pour parvenir à l'achèvement des chemins vicinaux, elles auraient du moins le mérite d'en affaiblir considérablement l'importance; elles dispenseraient l'État de fournir la subvention de 100 millions, et elles allégeraient les charges de la nouvelle caisse.

§ VII

AUGMENTATION ANNUELLE DE 18 MILLIONS, EN FAVEUR DE L'ÉTAT SUR LES CHEMINS DE FER. — AU BESOIN AMORTISSEMENT DE LA DETTE PUBLIQUE.

Sous le rapport de l'art et du développement progressif que reçoivent les chemins de fer, la France n'a absolument rien à désirer.

Il n'en est pas de même quant à leur administration : malgré sa date déjà ancienne, cette administration reste toujours à l'état natif.

En l'améliorant, on pourrait cependant opérer de grandes économies, augmenter les revenus de l'État et les dividendes des actions, rectifier et régulariser le service, et mettre surtout les voyageurs à l'abri de tout danger.

Pour atteindre ces résultats si avantageux les moyens à employer consisteraient :

Dans la fusion des lignes ;

Dans l'adoption d'un règlement général et uniforme;

Dans la réduction du nombre des employés ;

Dans les garanties résultant de leur capacité éprouvée ;

Dans une meilleure organisation du contrôle ;

Dans l'abaissement des tarifs.

Avec la fusion des lignes, il n'y aurait qu'un seul tarif pour les voyageurs et les marchandises; on éviterait le temps et les frais perdus dans la transition d'une ligne à l'autre, les changements de wagon qui en sont la conséquence inséparable, et le transbordement des bagages et des colis. On supprimerait les délais accordés pour ce transbordement ; on abrégerait le temps du parcours depuis le point extrême jusqu'à Paris.

Avec l'adoption d'un règlement général et uniforme, les mêmes droits et les mêmes obligations seraient applicables à toutes les lignes ; on augmenterait la vitesse et on assurerait son égalité sur tous les points ; on ouvrirait sur toutes les lignes les bureaux à la même heure ; au point de départ on permettrait aux voyageurs qui arrivent les premiers de prendre leurs places après avoir reçu les billets ; on ne laisserait pas, durant le trajet, primer leurs droits par les voyageurs des stations ultérieures ; on supprimerait les temps d'arrêt ; on n'entasserait plus, ni au départ ni pendant les temps d'interruption du parcours, les voyageurs dans les salles d'attente où on les parque, aujourd'hui, comme des troupeaux de moutons, sous la garde d'un surveillant ; on ne subirait plus dans les buffets des tarifs divergents et exagérés ; le contrôle administratif serait plus général, plus homogène, plus efficace, et l'on réduirait les états-majors, qui sont ruineux pour les compagnies.

Avec la réduction dans le nombre des employés, on diminuerait les charges des compagnies et on réaliserait des économies importantes. Le retranchement des doubles emplois ou des emplois inutiles qu'on rencontre à chaque instant dans diverses fonctions, et principalement aux gares importantes, ne nuirait en aucune façon à la régularité du service.

En soumettant la capacité des employés, reconnus nécessaires pour un bon service, à des épreuves préalables, on donnerait aux voyageurs des garanties contre les accidents qu'ils n'ont pas en ce moment.

Les épreuves que nous réclamons devraient, à notre point de vue, être le résultat d'un examen sévère et approfondi ; cet examen lui-même serait précédé par de bonnes études.

Pour assurer cette double garantie, nous proposons la création de deux écoles spéciales : l'une serait simplement préparatoire, l'autre serait supérieure; leur création constituerait la première condition à remplir pour satisfaire aux justes exigences de l'opinion publique.

L'école préparatoire délivrerait des titres de capacité aux employés subalternes.

L'école supérieure conférerait aux candidats qui aspireraient à des grades élevés, et selon les exigences de ces grades, le diplôme de bachelier et de licencié ès arts.

Cent mille employés en France doivent leur existence aux chemins de fer; ce nombre est assez important pour motiver la création de deux écoles spéciales; leurs émoluments sont assez élevés pour que l'admission aux divers emplois devienne le prix de quelques études sérieuses et de certains sacrifices pécuniaires.

Comme disposition transitoire et vu la gravité du mandat confié à ces employés, nous désirerions que chacun de ceux qui sont actuellement en exercice fût soumis à des épreuves déterminées de capacité, devant un jury spécial. L'obtention d'un certificat de capacité serait la condition *sine qua non* du maintien dans leurs fonctions.

La double institution que nous réclamons créerait une nouvelle source de revenus pour l'État, en même temps qu'elle satisferait à des vœux exprimés depuis longtemps pour garantir la sûreté publique.

Le contrôle des chemins de fer doit avoir trois objets : la sûreté de la voie, son exploitation, la police des trains de voyageurs et de marchandises.

Les deux premières parties du contrôle, qui semblent, par leur union, n'en faire qu'une, se trouvent néanmoins disjointes en ce moment, à cause de la nature des employés chargés de ce double service. Leur organisation les place dans un état d'imperfection et de contradiction qu'il est facile d'expliquer; en effet, d'une part ce sont des ingénieurs, hommes éminemment spéciaux et parfaitement compétents, mais insuffisants par le nombre; de l'autre, ce sont des anciens militaires auxquels on veut assurer une retraite honorable, esclaves, si l'on veut, de leur devoir, animés des meilleures intentions et même d'un parfait esprit de justice que nous admettons, mais dont la capacité, si étendue qu'on la suppose, devient nulle et, par cela même, dangereuse, quand il s'agit de la sûreté d'une voie de fer et de son exploitation, qui exigent impérieusement de longues études et des connaissances tout à fait spéciales. Comment un commissaire de surveillance administrative pourra-t-il jamais déterminer si un railway reste dans toutes les conditions normales qu'il doit avoir pour recevoir les trains qui passeront? Comment pourra-t-il affirmer avec quelque certitude que les wagons et tout le matériel roulant peuvent parcourir la voie dans de bonnes conditions et sans être exposés à des déraillements dont les conséquences sont toujours si désastreuses? Les commissaires de surveillance ne sauraient recevoir des ingénieurs une aptitude qu'ils n'ont pas.

La substitution d'un inspecteur général pour diriger le contrôle des lignes de chaque réseau à l'ingénieur en chef des ponts et chaussées ou des mines, constitue, nous le reconnaissons, une amélioration. Ce haut fonctionnaire, membre du conseil général des ponts et chaussées, aura plus d'influence et plus d'autorité que l'ingénieur en chef, mais il ne pourra à lui seul tout voir et tout prescrire; il faudra qu'à chaque ligne importante du réseau il rencontre un ingénieur en chef, que cet ingénieur en chef ait sous ses ordres deux ou trois ingénieurs ordinaires, et qu'enfin ces ingénieurs aient eux-mêmes à leur disposition les conducteurs et les agents auxiliaires nécessaires, tous attachés à la même administration qu'eux ; sans cela l'autorité et l'influence de l'inspecteur général resteraient isolées et sans effet utile ; le public ne trouverait point les garanties qu'il doit obtenir dans la sûreté de la voie et dans une bonne exploitation.

Dans tous les cas, les commissaires de surveillance administrative sont impropres à seconder, dans ce double objet, la direction du contrôle des chemins de fer ; il faudrait donc les séparer tout à fait du service, qu'exige la sûreté de la voie et de l'exploitation, ou bien les renfermer strictement à chaque gare dans leur spécialité.

La police des trains de voyageurs et de marchandises reste encore à organiser. Pour les voitures de troisième classe, où elle semble être le plus nécessaire, comme dans celles de première et deuxième classe, on remarque une ou deux fois, sur un parcours de 200 kilomètres en moyenne, l'apparition d'un contrôleur du chemin de fer qui vient poinçonner les billets pour constater son passage ; mais jamais un employé du contrôle de l'État ou de la police ne vient s'assurer si l'ordre règne dans les wagons, et si aucun voyageur n'a à se plaindre de quelque délit, de quelque contravention ou de quelque inconvenance. La présence de cet employé serait d'autant plus utile, qu'il faut attendre, pour toute réclamation, d'arriver à une station et d'obtenir un temps d'arrêt, pendant qu'il est facile aux délinquants de disparaître.

La visite des commissaires de surveillance administrative serait sans doute très-utile dans ce cas, si, à l'exemple de celle des contrôleurs, elle avait lieu durant la marche des trains, tantôt sur un point, tantôt sur un autre.

Dans l'examen des moyens d'amélioration indiqués il nous reste encore à traiter la question des tarifs. L'élévation de ces tarifs annule, en quelque sorte, l'avantage que donne la rapidité des communications sur les chemins de fer. Les voitures de troisième classe coûtent six centimes par kilomètre; celles de deuxième classe, huit centimes et demi, et celles de première classe onze centimes. Les enfants au-dessous de sept ans payent demi-place; les chiens coûtent deux centimes par kilomètre ; on paye pour les colis à la petite vitesse autant que l'on payait autrefois au roulage. La grande vitesse coûte le double.

Dans cette situation, il est évident qu'on ne peut effacer les distances qu'avec des sacrifices pécuniaires devant lesquels on renonce souvent à utiliser les chemins de fer.

Un abaissement dans les tarifs serait favorablement accueilli par le commerce et par l'industrie, en même temps qu'il augmenterait d'une manière considérable les recettes des chemins de fer. Les effets merveilleux produits en faveur de l'administration des postes, par la diminution des prix dans le transport des dépêches, disent assez de quel accroissement seraient susceptibles les recettes de chemins de fer, si on abaissait de 50 pour 100 le tarif des marchandises et si l'on réduisait celui des voyageurs, pour la première classe à huit centimes, pour la seconde à cinq, et pour la troisième à trois centimes par kilomètre.

En groupant les divers moyens d'amélioration que nous venons de parcourir, on pourrait augmenter les revenus des chemins de fer de 50 pour 100.

Dans tous les cas, on serait certain de réduire à 30 pour 100 leurs frais d'administration, qui s'élèvent en moyenne à 40 pour 100.

Si l'on ajoute à ces 40 pour 100 le dixième versé dans les caisses de l'État pour l'impôt des voitures, qui s'élève chaque année à 28 millions, on trouve un emploi de revenus égal à la moitié des recettes. L'autre moitié est absorbée par l'entretien du matériel et de la voie, par l'intérêt et le remboursement des obligations et par les cas imprévus, à concurrence d'autres 40 pour 100. Il ne reste, ainsi, en bénéfice net, pour payer le dividende des actions, que 10 pour 100. Quelques compagnies donnent exceptionnellement des bénéfices plus élevés, mais beaucoup d'autres restent à un taux inférieur; pour avoir une moyenne exacte autant que possible, nous maintenons les dividendes à 10 pour 100.

En supposant que les améliorations que nous proposons ne dussent amener qu'une augmentation dans les recettes, de 10 pour 100, on pourrait augmenter les dividendes de 4 pour 100 et attribuer les 6 pour 100 restants à l'État, pour le couvrir de l'impôt foncier et de celui des portes et fenêtres, que les compagnies de chemins de fer ne payent pas en ce moment, bien qu'elles soient tenues de cette double obligation.

L'impôt du dixième ne dispense pas les entrepreneurs de voitures publiques de payer la patente imposée à tout industriel et à tout commerçant. Les chemins de fer la payent-ils? Nous nous bornons à poser la question.

Ainsi, en versant 28 millions dans les caisses de l'État, les compagnies de chemins de fer ne remplissent qu'une faible partie des obligations qui incombent à tous les contribuables; mais la majeure partie de ces obligations reste méconnue.

Leur petite vitesse n'est soumise à aucun droit; le sol sur lequel est établie la voie, sur lequel sont édifiés les bâtiments destinés au service des gares, des stations, des barrières, des bureaux, les logements des employés ne payent ni impôt foncier ni impôt des portes et fenêtres.

Pourquoi cette inégalité ou ce privilége devant la loi?

On dit que les compagnies ne sont pas propriétaires, que cette propriété appartient à l'État, ou tout au moins qu'elle est réversible en sa faveur à une époque déterminée par le cahier des charges.

Cette objection est sans valeur en présence des termes impératifs des articles 608 et 635 du code Napoléon. D'après ces articles, la question de propriété reste indifférente, puisque l'usufruitier et même le simple usager sont tenus de toutes les charges qui grèvent la propriété soumise à l'usufruit, notamment du payement de l'impôt.

Or on ne peut contester que la concession de la voie ou des terrains sur lesquels sont établies les lignes de chemins de fer ne soit un bail de jouissance ou d'usufruit à long terme.

Aucun motif ne saurait donc soustraire les compagnies de chemins de fer au payement de la patente, de l'impôt foncier et de celui des portes et fenêtres.

En attribuant seulement pour ces impôts 6 pour 100 à l'État, on augmenterait ses revenus annuels de 18 millions.

Mais si l'Empereur le voulait, on pourrait faire beaucoup mieux encore ; si son auguste volonté permettait d'écrire le mot *Rachat*, on éteindrait en peu d'années le capital des chemins de fer, on augmenterait immédiatement les garanties de la dette publique, et dans peu de temps on amortirait cette dette elle-même.

Pour parvenir à ces résultats, il suffirait d'invoquer, à l'égard de certaines compagnies, les termes de leur concession, et de soumettre les autres aux conséquences de résolution qu'entraîne l'inexécution du cahier des charges.

Le rachat pourrait s'effectuer au moyen d'obligations à terme, remboursables par annuités et par la voie du sort.

En prenant l'hypothèse la moins favorable, nous avons

déjà vu que le revenu net des chemins de fer peut s'élever chaque année à 20 pour 100.

Si l'on distrait de ce revenu 5 pour 100 pour servir les intérêts des obligations destinées à opérer le remboursement des actions, il resterait 15 pour 100 pour éteindre le capital de rachat, qui serait entièrement amorti dans huit ans.

Ainsi, durant ce court espace de temps, on ferait grandir considérablement les garanties de la dette publique; à l'expiration des huit ans, on pourrait amortir à grands traits cette dette, et employer chaque année 100 millions de plus aux grands travaux publics, sans grever le budget ordinaire (1).

Les avantages énormes et presque incalculables que nous venons d'énumérer ne seraient pas les seuls qui seraient dus au rachat.

Le public trouverait dans la gestion des chemins de fer par l'État plus de garanties que dans celle des compagnies.

De son côté, l'État ferait des améliorations que les compagnies sont impuissantes à réaliser.

Le gouvernement étendrait son influence sur cent mille employés, dont la nomination lui appartiendrait.

§ VIII

SIMPLIFICATION DE LA PROCÉDURE DEVANT LES TRIBUNAUX. — ÉCONOMIES POUR LES JUSTICIABLES. — NOUVELLES RECETTES POUR L'ÉTAT.

Dans son discours aux chambres, l'Empereur a dit « qu'il ne faut point cesser de rendre l'accès de la justice moins dispendieux par la simplification des procédures. »

(1) Le réseau des chemins de fer représente un capital réel de dix milliards ; quoique ce capital soit inférieur à celui de la dette publique, c'est plus qu'une contre-valeur de cette dette, puisque celle-ci n'est soumise qu'à un payement annuel d'intérêts de 340 millions, tandis que les chemins de fer peuvent produire un revenu annuel de deux milliards.

Cette question, qui intéresse tous les justiciables, fait renaître indirectement celle de la suppression des avoués.

Cette institution en première instance a un double but infiniment utile. En premier lieu, en opposant une barrière aux passions des plaideurs, elle contribue à maintenir le respect qui est dû aux tribunaux; en second lieu, en aidant les parties de ses conseils et de ses lumières, elle assure une bonne distribution de la justice. Dans toutes les procédures elle est à la fois le phare des magistrats et des plaideurs; son utilité ne saurait donc être méconnue, alors surtout que ces procédures présentent des détails dont elle seule peut pénétrer les mystères et faire sortir la vérité.

Toutefois, si cette utilité s'oppose à la suppression des avoués de première instance, elle ne fait pas obstacle à la simplification de la procédure, qui pourrait, dans les cas ordinaires, être réduite à de simples conclusions notifiées de part et d'autre, en ne passant en taxe qu'un nombre de rôles déterminé; une révision du tarif et des articles 77 et suivants du code de procédure suffirait pour arriver à ce résultat (1).

Au surplus, dans toutes les causes où il n'y a ni jugement interlocutoire ni enquêtes, ce n'est point le premier degré de juridiction qui épuise les ressources pécuniaires des justiciables. Beaucoup de contestations s'éteignent au seuil du palais, et celles qui sont jugées sont assez fréquemment suivies d'une exécution volontaire qui dispense les parties des frais d'expédition de la sentence des premiers juges.

Ces frais d'expédition, qui sont à eux seuls presque aussi élevés que la masse des dépens antérieurs au jugement, ne

____

(1) Ce mémoire était déjà sous presse lorsque le nouveau projet élaboré par le Conseil d'État a été annoncé au Corps législatif.

sont exposés qu'autant que ce jugement est susceptible d'appel.

Si les frais de première instance deviennent considérables, le deuxième degré de juridiction, ou l'importance exceptionnelle du litige, ou le grand nombre de parties, peuvent donc seuls en être la cause.

Mais il n'en est pas de même devant la cour, où le tarif change toutes les proportions dans les émoluments.

Qu'importe que la procédure ait suivi son cours régulier et que l'instruction ait été complète devant les premiers juges! L'acte d'appel à lui seul entraîne toujours les parties à des frais inévitables; la décision souveraine de la cour et son exécution ne leur permettent jamais de solder des deux côtés un arrêt au-dessous de 400 francs. Cette somme est même atteinte le plus souvent en matière sommaire.

D'où vient donc cette énorme différence entre les frais de première instance et ceux d'appel? Elle tient principalement aux émoluments élevés des avoués postulant devant la cour.

Cependant leur ministère se réduit le plus souvent à une simple constitution, à une sommation d'audience et à une assistance aux plaidoiries.

Toute procédure paraît en effet inutile devant la cour, puisque cette procédure a déjà été épuisée devant les premiers juges.

Si cette procédure est inutile, à quoi bon conserver devant la cour le ministère des avoués, qui est la cause principale et presque unique de l'élévation des frais?

Les avocats pourraient procéder devant la cour impériale comme ils le font devant la cour de cassation, en faisant notifier par huissier tous les actes du palais.

L'amortissement des études supprimées serait opéré par un droit-fixe imposé aux parties, jusqu'à l'entière libération de l'État envers les titulaires ; on pourrait aussi ouvrir à ces titulaires les portes de la magistrature, où leur ancienne expérience rendrait des services éminents.

Dans cette situation, si l'on remplaçait l'état de frais des avoués : 1° par un droit de présentation de 25 francs payé au moment de la mise de la cause au rôle général, 2° par un autre droit de 25 francs payable au moment où elle serait inscrite sur le rôle particulier de la chambre qui devrait statuer, on couvrirait une partie des émoluments attribués aux magistrats, et nonobstant ce double droit de 25 francs, et de l'amortissement, on opérerait devant la cour une économie de 200 francs par cause ; on rendrait ainsi plus facile l'usage du deuxième degré de juridiction ; on procurerait aux justiciables une économie annuelle de 2,200,000 francs, et on augmenterait aussi les revenus de l'État de 550,000 fr. Après l'amortissement des études cette augmentation s'élèverait annuellement à 1,500,000 francs.

§ IX

MODIFICATIONS AUX LOIS UNIVERSITAIRES. — NOUVELLES
RECETTES POUR L'ÉTAT

Les progrès qu'a fait depuis quelque temps l'instruction publique en France doivent s'étendre à toutes les positions et à tous les états qui existent dans la société.

Le plus important de ces états est, sans contredit, celui qui s'applique à la profession d'avocat.

En effet, l'avocat joue un rôle important non-seulement devant les cours près desquelles il exerce son ministère, mais encore dans les assemblées politiques. On le trouve partout exerçant l'influence légitime que donne le talent : au Sénat, au Corps législatif, au conseil d'État ; il n'est presque pas de ministres qui n'aient appartenu à cette honorable profession.

L'importance de cette profession semble donc exiger que pour elle l'étude du droit soit agrandie; cet agrandissement est d'autant plus nécessaire que l'avocat plaide aujourd'hui devant des tribunaux administratifs qui n'existaient pas autrefois.

Cette étude doit être portée de trois à quatre ans : les trois premières années étant déjà consacrées à l'explication du code Napoléon, à deux cours de droit romain et un cours de procédure civile, la quatrième année serait exclusivement réservée à l'étude du droit administratif et du droit commercial.

Quatre inscriptions seraient ainsi ajoutées, et désormais pour être admis au serment d'avocat, il faudrait être docteur en droit.

Les facultés de droit seraient ainsi complétement assimilées, quant à la durée de leurs cours, aux facultés de médecine, devant lesquelles on n'obtient le titre de docteur qu'à l'expiration de quatre années d'études.

Les conditions prescrites pour devenir avoué devraient aussi recevoir quelque extension. Il conviendrait d'ajouter une année d'étude dans les facultés de droit, en portant ce nombre à trois ans au lieu de deux. Pour être avoué douze inscriptions seraient nécessaires. Ces inscriptions devraient être suivies de l'obtention du diplôme de licencié en droit.

Une modification semble encore devoir être réclamée pour MM. les juges de paix, et celle-ci, croyons-nous, est la plus urgente.

Depuis la promulgation de la loi du 25 mai 1838, ces magistrats ont acquis dans leurs attributions une grande importance, qui semble augmenter tous les jours et qui exige des connaissances spéciales dans la science du droit.

Un juge de paix qui ne possède pas ces connaissainces sera toujours au-dessous de son rôle lorsqu'il jugera une action possessoire ou qu'il sera appelé à statuer sur quelque interprétation de la loi, dont il ignore les dispositions les plus élémentaires. Le diplôme de licencié en droit doit donc être rigoureusement exigé pour tous ceux qui aspirent aux fonctions de juge de paix. Lorsque beaucoup d'avocats sollicitent ces fonctions, plus rémunérées aujourd'hui qu'autrefois, on ne voit pas pourquoi on irait les confier à de simples propriétaires ruraux ou à d'anciens officiers, ou à des négociants.

Les trois changements que nous proposons seraient donc avantageux dans l'intérêt général des justiciables ; ils procureraient aux revenus universitaires, dans les facultés de droit, une augmentation de 45 pour 100.

RÉSUMÉ ET CONCLUSION

Telles sont les huit propositions que nous avions pris la liberté de soumettre à l'Empereur dans notre requête du 30 janvier 1868. Ces propositions, on vient de le voir, ont le double avantage d'être utiles à la chose publique et d'augmenter les revenus de l'État. Celle qui est relative aux chemins de fer tendrait, par ses conséquences, si elle était accueillie, à opérer l'amortissement de la dette publique.

En nous livrant à quelques investigations, nous aurions pu en ajouter d'autres ; mais nous avons craint de ne pas rester dans les limites d'un écrit que nous aurions voulu rendre plus succinct, et nous avons pensé qu'il suffirait de citer quelques exemples pour démontrer qu'en se livrant à de faciles recherches, il serait plus avantageux d'équilibrer les dépenses de nos budgets avec *des recettes* qu'avec *des emprunts*.

Il manque à notre travail une addition que nous n'avons pu faire, n'ayant pas à notre disposition les tableaux qui sont dans les ministères, et qui seraient indispensables pour donner des chiffres et des résultats parfaitement exacts ; mais avec les aperçus que nous donnons, il est facile de reconnaître que les changements proposés renferment des avantages matériels immenses ; dans tous les cas, ils conduisent à fermer la voie des emprunts, qui sont toujours, quoi qu'on en dise, impopulaires, et c'est pour ce motif que nous venons placer nos projets sous le patronage de l'opinion publique. Puisse cette opinion nous accorder son concours, si efficace quand il s'agit d'assurer la prospérité et le bonheur de la France ! Pour nous, comme pour elle, cette prospérité et ce bonheur sont le seul but des plus vives aspirations.

DEPRATS.

Forges de Gaud (Haute-Garonne), mai 1868.

IMPRIMERIE PARISIENNE, Dufour et Ce, boulevard Bonne-Nouvelle, 26, et impasse Bonne-Nouvelle, 5.

www.ingramcontent.com/pod-product-compliance
Lightning Source LLC
Chambersburg PA
CBHW061343050726
47595CB00005B/2056